STUDENTEN KÜCHE VEGGIE

ANN-CATHRINE JOHNSSON
& LENA DJUPHAMMAR

südwest

A VERY green book

In diesem Buch findest du Rezepte für nachhaltiges, gesundes und schnell zubereitetes Essen. Kein Firlefanz, sondern praktische Rezepte, die dich dazu ermutigen, auch mal etwas Neues auszuprobieren, und die dir weiterhelfen, wenn du mal keine Idee mehr hast.

VEGGIETIME

Alles so schön grün hier! So viele Rezepte für leckeres und gesundes vegetarisches Essen. Trau dich, in der Küche zu experimentieren, und lass dich dabei von diesem Buch leiten. Kochen soll schließlich Spaß machen!

VEGGIEMANIA

Immer mehr Menschen ernähren sich aus den verschiedensten Gründen vegetarisch: wegen der Gesundheit, der Umwelt oder ethischer Bedenken. Man möchte eben keine Tiere essen. Aber um vegetarisch zu essen, muss man gar kein Vegetarier sein. Begriffe wie „Flexitarier" beschreiben Personen, die grundsätzlich „grün" essen, aber manchmal auch ein wenig Fleisch. Auch sie werden immer mehr.

FOOD PREP

Mehr zu kochen als man gerade braucht, ist schlau! Denn es ist schön, Essen im Kühlschrank zu haben, wenn man mal keine Zeit zum Kochen hat. Sogar einen Smoothie kannst du vorbereiten und dann im Kühlschrank aufbewahren. Hier findest du Rezepte für große Mengen, die du portionsweise einfrieren kannst. Perfekt für die Lunchbox – und spart sowohl Zeit als auch Geld!

FEEL GOOD

Vegetarisch zu essen ist ein Gewinn für die Gesundheit. Gemüse enthält viele Ballaststoffe, Vitamine und Mineralien sowie Antioxidantien, die die Immunabwehr stärken und dafür sorgen, dass wir uns gesünder und frischer fühlen. Je farbenfroher, desto besser!

Make an easy, healthy green choice

KOKOSMILCH
Cremig, süß und vielseitig einsetzbar, zum Beispiel in Nudelsuppen, Wokgerichten oder Eintöpfen.

INGWER
Frischer Ingwer hält sich ziemlich lange. Du kannst ihn raspeln und in Smoothies, Woknudeln oder gebratenen Reis geben. Lecker sind auch gedünstete Brokkoliröschen mit Knoblauch und geriebenem Ingwer. Ingwerpulver ist ein guter Ersatz als Reserve.

ÖLE
Kalt gepresstes Oliven- oder Rapsöl eignet sich für Dressings und Vinaigrettes am besten. Zum Braten verwendest du besser warm gepresstes Öl.

CHILISCHOTEN
Frisch oder getrocknet, als Pulver oder Flocken: Egal, für was du dich entscheidest, Chili passt immer und zu allem.

KNOBLAUCH
Frischer Knoblauch, zerdrückt oder gehackt, peppt jedes Gericht auf. Getrockneter Knoblauch ist lange haltbar und daher eine gute Sache, falls der frische ausgegangen ist.

BRÜHE
Für den Geschmack sind Brühen Gold wert. Quinoa oder Bulgur kannst du in Brühe garen. Auch als Würze für Nudelsuppen und Eintöpfe kannst du sie gut gebrauchen. Ein Brühwürfel beziehungsweise ein Esslöffel Brühe reicht für 500 Milliliter Wasser.

PAPRIKAPULVER
Ob süß, pikant oder geräuchert: Paprikapulver solltest du immer im Vorratsschrank haben. Es ist milder als Chili und passt gut zu Suppen und Eintöpfen.

SAMBAL OELEK
Starke Würzsauce mit Chili, Knoblauch, Öl und Zitrone. Supergut, um Pfannengerichten, Saucen, Suppen und Eintöpfen mehr Geschmack zu geben – schon kleine Mengen bringen viel Feuer.

ZITRONEN/LIMETTEN
Zitronen und Limetten sind vielseitig einsetzbar; du hast sie aber vielleicht nicht immer vorrätig. Zitronen- oder Limettensaft aus dem Fläschchen ist ein heißer Tipp. Einige Tropfen ins Essen, in den Teig beim Backen oder ins Trinkwasser peppen jede Mahlzeit und jedes Getränk auf.

NÜSSE UND SAMEN
Mandeln, Cashew-, Kürbis- und Sonnenblumenkerne sind im Salat gute Sattmacher. Eine Handvoll Nüsse dient als Zwischenmahlzeit, und beim Frühstück passen Nüsse und Samen prima zu Müsli und Joghurt.

TOMATENMARK
Der Retter in der Not. Gesünder als Ketchup zur Pasta, verleiht Suppen und Eintöpfen mehr Geschmack.

HONIG
Gesund und lecker! Du kannst ihn anstelle von Zucker zum Süßen verwenden, in warmem Wasser oder Milch auflösen und trinken, wenn du dich mal scheußlich fühlst, oder in Joghurt rühren.

Nützliche Küchenhelfer

SIEB

KNOBLAUCHPRESSE

KÜCHENREIBE

MESSBECHER

Pinsel

SCHARFES MESSER

SCHNEEBESEN

SCHNEIDEBRETT

SPAGHETTILÖFFEL

Sparschäler

SPIESSE FÜR GARPROBE

What is...

Eiweiß ist ein wichtiger Nahrungsbestandteil, der im Körper unter anderem für den Aufbau der Zellen sorgt. Für Vegetarier gibt es eine Menge guter Proteinquellen, zum Beispiel Hülsenfrüchte. Aber was verbirgt sich eigentlich hinter den verschiedenen Eiweißprodukten, die es zu kaufen gibt?

...TOFU

Wird aus Sojabohnen hergestellt. Sieht aus wie fester Frischkäse, hat ohne Würzung einen neutralen Geschmack. Es gibt ihn in verschiedenen Konsistenzen.

...QUORN

Besteht aus einem Pilzprotein; erinnert in Konsistenz und Aussehen an Fleisch.

...VEGANE FLEISCHPRODUKTE

Werden auf Pflanzenproteinbasis hergestellt. Es gibt sie in Form von Schnitzeln, Pattys, Nuggets usw.

...TEMPEH

Wird aus Sojabohnen und anderen Hülsenfrüchten erzeugt, die mithilfe eines Schimmelpilzes fermentiert wurden. Kann auch aus Getreide hergestellt werden.

...SEITAN

Aus Weizeneiweiß hergestelltes Protein.

Andere gute Proteinquellen sind Quinoa, Buchweizen, Nüsse und Nussöle, Hanf-, Chia-, Sesam- und Mohnsamen, Sonnenblumenkerne.

Vegetarier ...

... essen weder Fleisch, Fisch noch
Meeresfrüchte, nehmen aber Milchprodukte und Eier zu sich.

FLEXITARIER ...

... essen größtenteils vegetarisch, haben aber kein Problem damit, auch
mal Fleisch, Fisch oder Meeresfrüchte zu essen – am besten aus regionaler,
artgerechter Haltung. Überhaupt kaufen Flexitarier gern Bioprodukte und
kochen ihr Essen selbst, was bedeutet, dass sie, soweit möglich, auf vorver-
arbeitete Lebensmittel verzichten. Außerdem essen sie saisonal.

Veggievores ...

... Wortschöpfung aus den USA, die sich aus „Veggie" (Gemüse) und „vora-
re" (lat., lustvoll, gierig essen) zusammensetzt. Veggievores lieben Gemüse
als Hauptbestandteil ihrer Mahlzeiten, essen aber manchmal Fleisch (aus
artgerechter Haltung, versteht sich).

SEMIVEGETARIER ...

... im Grunde das Gleiche wie Flexitarier!

Laktovegetarier ...

... essen wie Vegetarier kein Fleisch, aber auch keine Eier. Milchprodukte
dagegen schon.

VEGANER ...

... essen keinerlei Lebensmittel aus dem Tierreich, also auch keine Milchprodukte und keine Eier.

EINFRIEREN IST SCHLAU

Sparsam sein und Lebensmittel einfrieren statt wegwerfen, ist nicht nur ökonomisch, sondern auch umweltfreundlich! Hier erfährst du, was sich gut dafür eignet – und auch noch vielseitig einsetzbar ist.

KÄSE – Käsereste kannst du gerieben oder zerbröckelt einfrieren und dann für Lasagne, Pizza oder etwas anderes, das du überbacken willst, verwenden. Hartkäse wie Cheddar, Parmesan oder Pecorino eignet sich am besten zum Einfrieren; weichere Varianten wie Emmentaler oder Gouda können schwammig werden.

ÜBERREIFE BANANEN – In Stücke geschnitten und eingefroren, halten sie sich frisch und sind gleich zur Hand, wenn du Lust auf einen Smoothie hast.

TOMATENSAUCE – Koch einfach viel Tomatensauce und friere sie ein, dann kannst du sie später für Pizza, Pasta oder als Grundlage für eine Suppe verwenden. Ein Rezept findest du auf Seite 56.

FRÜCHTE UND BEEREN – Kleine oder in Stücke geschnittene größere Früchte sind perfekt für Smoothies. Schnell und einfach!

Achtung! Milchprodukte wie Joghurt und Schmand solltest du nicht einfrieren – aufgetaut werden sie körnig.

Eier sind lange haltbar. Ihr Mindesthaltbarkeitsdatum liegt meist 28 Tage nach dem Legedatum, aber sie halten sich sogar noch länger. Bewahrst du sie im Kühlschrank auf, und zwar mit der Spitze nach unten, halten sie sich 2–3 Monate.

Ist das Ei nicht mehr frisch, erkennt man das am Geruch. Solange es okay riecht, kann man es essen!

Um zu prüfen, wie frisch ein Ei noch ist, kannst du es in eine Schale mit reichlich Wasser legen. Ein ganz frisches Ei bleibt auf dem Boden, ein etwa eine Woche altes Ei richtet sich ein wenig auf, und ein älteres Ei treibt Richtung Oberfläche. Aber auf das Ei verzichten musst du wirklich nur, wenn es schlecht riecht.

Ein hart gekochtes Ei hält sich im Kühlschrank mindestens eine Woche.

Best BEFORE

WIE LANGE HÄLT SICH DAS ESSEN?

Das Mindesthaltbarkeitsdatum ist eine Empfehlung, wie lange man eine Ware in ihrer ungeöffneten Verpackung aufbewahren kann. Manchmal steht auch drauf, wie lange die Ware bei geöffneter Verpackung noch haltbar ist. Oft halten sich Lebensmittel deutlich länger, besonders Produkte wie Milch, Butter und Joghurt, von Eiern ganz zu schweigen. Die beste Methode, um zu bestimmen, ob Lebensmittel noch gut sind, ist Riechen, Anschauen und Schmecken!

Das Verbrauchsdatum kommt bei leicht verderblichen Lebensmitteln wie geschnittene Salate zur Anwendung. Hier ist das Risiko größer, dass die Ware nach dem entsprechenden Datum ungenießbar ist. Das Datum gilt bei ungeöffneten Verpackungen.

Wird Essen im Kühlschrank aufbewahrt, verlängert sich die Haltbarkeit. Lass es aber nicht unnötig lange dort stehen. Verwende für das Entnehmen des Essens immer saubere Messer und Löffel; nimm kein ungespültes und benutztes Besteck, und auch nicht die Hände! Essen bleibt nur dann frisch, wenn es nicht mit Bakterien in Kontakt kommt.

FÜR DIE Lunchbox

Die perfekte Lunchbox

VEGGIE-PAD-THAI

OB MIT ODER OHNE FLEISCH: DIESER ASIATISCHE FAVORIT SCHMECKT IMMER!

FÜR 2 PERSONEN

90 G REISNUDELN (½ PACKUNG)
2 FRÜHLINGSZWIEBELN
1 PAK CHOI
2 KNOBLAUCHZEHEN, ABGEZOGEN
1 ROTE PAPRIKASCHOTE
200 G TOFU
30 G BOHNENSPROSSEN
OLIVENÖL ZUM BRATEN
SALZ UND SCHWARZER PFEFFER
1 EI

MARINADE

2 EL JAPANISCHE SOJASAUCE
1 EL SESAMÖL
2 TL LIMETTENSAFT
1 TL CHILIFLOCKEN

ZUM GARNIEREN

½ BUND KORIANDER, BLÄTTCHEN
  ABGEZUPFT UND GEHACKT
35 G GEHACKTE ERDNÜSSE

1. Alle Zutaten für die Marinade verrühren.

2. Die Nudeln nach Packungsanweisung garen.

3. Unterdessen Frühlingszwiebeln und Pak Choi putzen und in Streifen schneiden. Die Knoblauchzehen hacken, die Paprika in Scheiben, den Tofu in Stücke schneiden. Die Bohnensprossen abspülen.

4. Das Olivenöl in einer Pfanne erhitzen und Frühlingszwiebeln, Knoblauch, Pak Choi, Paprika, Sprossen und Tofu darin dünsten. Mit Salz und Pfeffer abschmecken.

5. Die fertigen Nudeln mit dem gebratenen Gemüse und dem Tofu vermischen. Mit der Marinade übergießen. Das Ei über der Mischung aufschlagen und verrühren.

6. Mit Koriander und Erdnüssen garnieren.

Cremig und köstlich

VEGETARISCHE LASAGNE

EINFACH ZUBEREITET UND PERFEKT ZUM PORTIONSWEISEN EINFRIEREN. GUTEN APPETIT!

FÜR 8 PERSONEN

3 KAROTTEN
1 GROSSE ZUCCHINI
1 ZWIEBEL
4 KNOBLAUCHZEHEN
OLIVENÖL ZUM BRATEN
2 DOSEN STÜCKIGE TOMATEN
  (À 400 G)
200 G PIKANTER, GERIEBENER
  KÄSE, Z. B. PARMESAN ODER
  CHEDDAR
500 G CRÈME FRAÎCHE
1 ½ TL SALZ
1 TL SCHWARZER PFEFFER
20 LASAGNEPLATTEN

1. Den Backofen auf 220 °C vorheizen. Karotten, Zucchini, Zwiebel und Knoblauch bei Bedarf schälen und nach Belieben gröber oder feiner reiben. Das Olivenöl in einer Pfanne erhitzen und das Gemüse 5 Minuten darin dünsten.

2. Die stückigen Tomaten, die Hälfte des Käses und die Crème fraîche einrühren. Heiß werden lassen und mit Salz und Pfeffer abschmecken.

3. Eine Auflaufform mit Olivenöl oder Butter einfetten. Den Boden mit Tomatensauce bedecken und die Lasagneplatten darauflegen. Noch einmal Sauce und Platten einschichten, bis es zwei Lagen Lasagneplatten und drei Lagen Sauce sind. Mit dem restlichen Käse bestreuen.

4. Auf der mittleren Schiene 20 Minuten im Ofen überbacken, bis die Lasagneplatten weich sind.

Mit einem Hauch Chili
QUORN-EINTOPF MIT KICHERERBSEN

LEICHT ZU KOCHEN, LEICHT MITZUNEHMEN. DIESEN QUORN-EINTOPF KANNST DU AUCH GUT EINFRIEREN, WENN DU MEHRERE PORTIONEN MACHST.

FÜR 2 PERSONEN

80 G QUINOA
200 ML WASSER
½ BRÜHWÜRFEL NACH WAHL
6 CHAMPIGNONS
½ PAPRIKASCHOTE
1 STÜCK LAUCHSTANGE (7 CM)
100 G QUORN
OLIVENÖL ZUM BRATEN
80 G KICHERERBSEN
 AUS DER DOSE
100 ML KOKOSMILCH
1 EL JAPANISCHE SOJASAUCE/
 TAMARI
SALZ UND SCHWARZER PFEFFER
CHILIFLOCKEN

1. Die Quinoa nach Packungsanweisung in der im kochenden Wasser angerührten Brühe garen.

2. Die Champignons säubern und in Scheiben schneiden. Die Paprika entkernen, waschen und in Scheiben schneiden. Das Lauchstück längs einschneiden und abspülen, danach in Streifen schneiden.

3. Das Olivenöl in einer Pfanne erhitzen und die Quorn-Stücke zusammen mit Pilzen, Paprika und Lauch dünsten, bis sie etwas Farbe angenommen haben.

4. Die Kichererbsen abtropfen lassen.

5. Kokosmilch, Kichererbsen und Sojasauce in die Pfanne rühren.

6. Zum Schluss alles mit Salz, Pfeffer und Chiliflocken abschmecken.

7. Zusammen mit der Quinoa servieren.

Frühstück

Soooo cremig
GRÜNE FRÜHSTÜCKS-BOWL

SÄTTIGENDE FRÜHSTÜCKS-SMOOTHIE-BOWL MIT SPINAT UND MANGO. NICHT NUR GESUND, SONDERN AUCH LECKER!

FÜR 1 PERSON

1 AVOCADO, ENTKERNT UND IN
  STÜCKE ZERTEILT
1 BANANE, IN SCHEIBEN
  GESCHNITTEN
1 HANDVOLL SPINAT
100 G TK-MANGO
300 G NATURJOGHURT
SAFT VON ½ ZITRONE
  (ALTERNATIV ZITRONENSAFT
  AUS DEM FLÄSCHCHEN)

ZUM GARNIEREN
GETROCKNETE GRANATAPFEL-
  KERNE
LEINSAMEN
KOKOSFLOCKEN

1. Alle Smoothie-Zutaten mit dem Stabmixer oder im Standmixer pürieren.

2. Den fertigen Smoothie in eine Frühstücksschale geben.

3. Mit Granatapfelkernen, Leinsamen und Kokosflocken garnieren.

Tipp! Für eine leichte, trinkbare Konsistenz einen Teil des Joghurts durch Mandel- oder Haferdrink ersetzen.

Frühstücks-Bowl
BLAUBEER-SMOOTHIE

SÄMIGER BLAUBEER-SMOOTHIE MIT INGWER UND EINEM TOPPING AUS KOKOS, KÜRBISKERNEN UND GRANATAPFEL: EIN ÜPPIGER START IN DEN TAG!

FÜR 2 PERSONEN

200 G NATURJOGHURT
50 G TK-BLAUBEEREN
50 G TK-MANGO
1 BANANE, IN SCHEIBEN
  GESCHNITTEN
ETWAS INGWER, GERIEBEN
  (OPTIONAL)

FÜR DAS TOPPING
KOKOS-CHIPS
KÜRBISKERNE
GETROCKNETE
  GRANATAPFELKERNE

1. Alle Smoothie-Zutaten mit dem Stabmixer pürieren.

2. In Gläser gießen und mit Kokoschips, Kürbiskernen und Granatapfelkernen garnieren.

Tipp! Für einen Smoothie, der noch mehr Energie liefern und länger satt machen soll, einfach 1 Esslöffel Kokosöl zufügen.

Geröstetes Müsli
GRANOLA MIT SESAM

SELBST GEMACHTES MÜSLI IST NICHT NUR GÜNSTIGER, SONDERN AUCH BESSER ALS GEKAUFTES. HIER KOMMT EIN GRUNDREZEPT, DAS DU NACH LUST UND LAUNE ERGÄNZEN KANNST. VERWENDEST DU KOKOS-CHIPS ANSTELLE VON KOKOS-FLOCKEN, SOLLTEST DU SIE ERST NACH 15 MINUTEN BACKZEIT UNTERMISCHEN, DAMIT SIE NICHT ANBRENNEN.

FÜR 2 PERSONEN

200 G HAFERFLOCKEN
160 G QUINOAFLOCKEN
75 G SONNENBLUMENKERNE
70 G KOKOSFLOCKEN
45 G SESAMSAMEN
35 G LEINSAMEN
50 ML WASSER
1 EL HONIG
50 ML RAPSÖL

1. Den Backofen auf 180 °C vorheizen.

2. Haferflocken, Quinoaflocken, Sonnenblumenkerne, Kokosflocken, Sesamsamen und Leinsamen vermengen. Das Müsli natürlich belassen oder nach Belieben süßen und aromatisieren (siehe Tipp).

3. Wasser, Honig und Rapsöl untermischen.

4. Die Mischung auf einem Backblech verteilen und 15 Minuten im Ofen rösten. Umrühren, dann weitere 15 Minuten rösten.

5. Den Ofen ausschalten und das Müsli noch kurz im warmen Ofen nachrösten lassen.

Tipp! Vorschläge für mehr Süße und Aroma: Kardamom, Rosinen, Kürbiskerne, Nüsse, Gojibeeren, Zimt, getrocknete Granatapfelkerne, Vanillezucker.

Ein guter Start in den Tag

CHIAPUDDING MIT BEEREN

EINEN CHIAPUDDING KANN MAN ENDLOS VARIIEREN. DIESE VARIANTE MIT BLAU- ODER HIMBEEREN UND MANDELDRINK IST LECKER UND MACHT SATT. DIE CHIASAMEN MÜSSEN AUFQUELLEN, DAMIT ES EIN RICHTIGER PUDDING WIRD – ES IST ALSO IDEAL, DEN PUDDING AM ABEND ANZURÜHREN UND ÜBER NACHT STEHEN ZU LASSEN.

FÜR 2 PERSONEN

2 ½ EL CHIASAMEN
150 ML MANDELDRINK
1 TL GEMAHLENE BOURBON-
  VANILLE
1 EL BLAUBEEREN ODER
  1 EL HIMBEEREN

ZUM GARNIEREN
GETROCKNETE GRANATAPFEL-
  KERNE
BLAUBEEREN

1. Die Chiasamen mit dem Mandeldrink und der Vanille verrühren.

2. Blau- oder Himbeeren unterrühren.

3. Einige Stunden an einem kühlen Ort stehen lassen, am besten über Nacht.

4. Mit Granatapfelkernen und Blaubeeren garnieren.

Tipp! Für einen supersättigenden, supercremigen Chiapudding Kokosmilch oder Kokossahne nehmen.

Megagesund SMOOTHIES

EIN SMOOTHIE MUSS LEICHT ZU MACHEN SEIN. HIER SIND DREI LECKERE VARIAN-TEN, DIE AUCH ALS BASIS FÜR AUFWENDIGERE KREATIONEN DIENEN KÖNNEN.

REICHT FÜR:

1 MEGASMOOTHIE

(ODER 2 KLEINE)

HIMBEER
100 G NATURJOGHURT
100 ML KOKOSDRINK
100 G TK-HIMBEEREN
½ BANANE, IN SCHEIBEN
 GESCHNITTEN
CHIASAMEN

Alle Zutaten im Standmixer oder mit dem Stabmixer pürieren, in Gläser füllen und mit Chiasamen garnieren.

MANGO
100 G NATURJOGHURT
100 ML MANDEL- ODER HAFERDRINK
200 G TK-MANGO
½ BANANE, IN SCHEIBEN GESCHNITTEN
CHIASAMEN

Alle Zutaten im Standmixer oder mit dem Stabmixer pürieren, in Gläser füllen und mit Chiasamen garnieren.

BLAUBEER
100 G VANILLEJOGHURT
100 ML MANDEL- ODER HAFERDRINK
100 G TK-BLAUBEEREN
½ BANANE, IN SCHEIBEN GESCHNITTEN
CHIASAMEN

Alle Zutaten im Standmixer oder mit dem Stabmixer pürieren, in Gläser füllen und mit Chiasamen garnieren.

Extra-Boost 1–2 Teelöffel Acai-Pulver, Baobab- oder Maca-Pulver einrühren. Passende Gewürze sind zum Beispiel Zimt und Kardamom. Für einen süßeren Geschmack Honig oder Datteln hinzugeben.

Frühstückskrümel

DIESES TOPPING PASST GUT ZU JOGHURT UND ZU SMOOTHIES.

1.

ZU GLEICHEN TEILEN CHIASAMEN, LEINSAMEN UND KOKOSFLOCKEN VERMISCHEN.

2.

IN EINEM VERSCHLOSSENEN SCHRAUBGLAS AUFBEWAHREN.

Tipp! Auch diese Extras kannst du unter deine Frühstückskrümel mischen: Sonnenblumenkerne, Rosinen, Kürbiskerne, Nüsse und Gojibeeren.

Sorgen für gute Laune

AMERIKANISCHE PFANNKUCHEN

SÄTTIGENDE PFANNKUCHEN, DIE DU AUCH ALS SNACK, ZUM LUNCH ODER ABENDS ESSEN KANNST.

FÜR 2 PERSONEN

50 G BUTTER PLUS ETWAS MEHR
 ZUM BACKEN
200 ML MILCH
1 EI
120 G WEIZENMEHL
2 TL BACKPULVER
½ TL SALZ

ZUM SERVIEREN
HIMBEEREN ODER BLAUBEEREN
AHORNSIRUP ODER AGAVEN-
 DICKSAFT

1. Die Butter in einem kleinen Topf zerlassen.

2. Die Milch einrühren und die Mischung lauwarm abkühlen lassen.

3. Das Ei in einer Schüssel aufschlagen, dann die Milch-Butter-Mischung einrühren.

4. Mehl, Backpulver und Salz untermengen.

5. Die Pfannkuchen in Butter ausbacken. Wenn der Pfannkuchen gestockt ist und Blasen wirft, ist es Zeit, ihn zu wenden.

6. Die Pfannkuchen mit Beeren und Sirup servieren.

fix und fertige Morgenmahlzeit
BUCHWEIZENBREI MIT BLAUBEEREN

EINE EINFACH GEMACHTE GRÜTZE, WENN DU ES MORGENS EILIG HAST. SCHNEIDE EINFACH DAS OBST HINEIN, DAS GERADE DA IST. ZIMT GIBT DEM BREI EIN BISS-CHEN MEHR GESCHMACK.

FÜR 1 PERSON

45 G BUCHWEIZENFLOCKEN
400 ML WASSER
1 EL SONNENBLUMENKERNE
30 G BLAUBEEREN
1 PRISE SALZ

ZUM SERVIEREN
FRÜCHTE, NACH BELIEBEN

1. Die Buchweizenflocken mit 200 Milliliter Wasser zum Kochen bringen, dann das Wasser abgießen.

2. Sonnenblumenkerne und Blaubeeren einrühren, dann erneut 200 Milliliter Wasser dazugießen. 1 Prise Salz zugeben.

3. Auf niedriger Stufe etwa 15 Minuten köcheln lassen.

4. Den Brei mit Obst, Beeren und Samen essen, zum Beispiel mit Kiwi, Banane, Himbeeren, Blaubeeren und Kürbiskernen.

really
easy
COOKING

Einfacher geht's nicht

BASILIKUMPESTO MIT PASTA

PESTO PASST ZU SO VIELEM – WIE HIER ZU PASTA. ABER AUCH ZU PIZZA, GEGRILLTEM GEMÜSE ODER EINEM NUDELSALAT.

FÜR 4 PERSONEN

1 TOPF FRISCHES BASILIKUM,
  BLÄTTER ABGEZUPFT
50 G PINIENKERNE
2 KNOBLAUCHZEHEN,
  ABGEZOGEN UND ZERDRÜCKT
100 ML OLIVENÖL
40 G FEIN GERIEBENER
  PARMESAN
1 MSP. SALZ
1 MSP. SCHWARZER PFEFFER

PASTA FÜR 4 PERSONEN

1. Basilikumblätter, Pinienkerne, Knoblauch und Olivenöl im Standmixer oder mit dem Stabmixer pürieren.

2. Den Parmesan zugeben und mixen, bis die Konsistenz richtig erscheint.

3. Mit Salz und Pfeffer abschmecken.

4. Zur Pasta servieren.

5. Wenn Pesto übrig bleibt, solltest du es in den Kühlschrank stellen – dort hält es sich mindestens eine Woche.

Grünes Dippen
GEMÜSE MIT BOHNENPÜREE

DAS PERFEKTE FINGERFOOD, WENN FREUNDE ZU BESUCH KOMMEN. DAS BOHNENPÜREE KANNST DU IM VORAUS ZUBEREITEN. ALS GEMÜSE NIMM EINFACH DEINE LIEBLINGSSORTEN!

FÜR 2 PERSONEN

BLUMENKOHLRÖSCHEN
BROKKOLIRÖSCHEN
ROTKOHL, IN STREIFEN
  GESCHNITTEN
GRÜNKOHL, IN STREIFEN
  GESCHNITTEN
KIRSCHTOMATEN
OLIVENÖL ZUM BRATEN

BOHNENPÜREE
1 KAROTTE, GESCHÄLT
1 KNOBLAUCHZEHE, ABGEZOGEN
½ ROTE ZWIEBEL, ABGEZOGEN
1 DOSE BORLOTTI-BOHNEN
  (400 G FÜLLGEWICHT)
1 EL TOMATENMARK
1 EL SONNENBLUMENKERNE
100 G SAURE SAHNE
SALZ UND SCHWARZER PFEFFER

1. Als Erstes das Bohnenpüree anrühren. Dazu die Karotte in Streifen schneiden, die Knoblauchzehe durchpressen und die Zwiebel in Scheiben schneiden.

2. Alle Zutaten für das Bohnenpüree im Standmixer oder mit dem Stabmixer pürieren.

3. Blumenkohl und Brokkoli einige Minuten vorkochen.

4. Das Olivenöl in einer Pfanne auf mittlerer Stufe erhitzen und das gesamte Gemüse darin dünsten.

5. Das gedünstete Gemüse mit dem Bohnenpüree zum Dippen servieren.

Gesund und schnell gemacht
ZUCCHINIPASTA MIT PARMESAN

SIMPEL UND SÄTTIGEND, LECKER UND CREMIG. SCHMECKT MIT ALLEN PASTA-SORTEN, IST ABER MIT BOHNENNUDELN AM GESÜNDESTEN.

FÜR 2 PERSONEN

BOHNENNUDELN FÜR
  2 PERSONEN
½ ZUCCHINI, GEWASCHEN
OLIVENÖL ZUM BRATEN
1 KNOBLAUCHZEHE, ABGEZOGEN
SALZ
1 HANDVOLL SPINAT
2 EL GERIEBENER PARMESAN
SCHWARZER PFEFFER

1. Die Nudeln nach Packungsanweisung kochen.

2. Die Zucchini in Scheiben schneiden. Das Olivenöl in einer Pfanne auf mittlerer Stufe erhitzen und die Zucchini darin dünsten. Den Knoblauch dazupressen und das Ganze leicht salzen.

3. Spinat und Parmesan zufügen und ein paar Minuten mitdünsten.

4. Mit Pfeffer abschmecken.

5. Die Zucchinimischung mit der Pasta servieren.

Schnell und einfach
PASTA MIT AVOCADO UND TOMATEN

DIESES LECKERE UND DEFTIGE PASTAGERICHT MIT AVOCADO UND TOMATEN BEKOMMT DURCH KNOBLAUCH, ZITRONE UND PARMESAN DAS GEWISSE ETWAS.

FÜR 2 PERSONEN

PASTA FÜR 2 PERSONEN
2 TOMATEN, GEWASCHEN
1 KNOBLAUCHZEHE, ABGEZOGEN
1 EL OLIVENÖL
SALZ UND SCHWARZER PFEFFER
1 AVOCADO ENTKERNT
1 TL ZITRONENSAFT
GERIEBENER PARMESAN

1. Die Pasta nach Packungsanweisung al dente kochen.

2. Die Tomaten in Spalten schneiden.

3. Das Olivenöl in einer Pfanne auf mittlerer Stufe erhitzen. Den durchgepressten Knoblauch und die Tomaten darin dünsten.

4. Alles mit Salz und Pfeffer abschmecken.

5. Die Avocado würfeln und mit dem Zitronensaft verrühren.

6. Die Pasta mit Tomatenmischung und Avocado vermengen.

7. Den Parmesan darüberstreuen und servieren.

Tipp! Für eine cremigere Konsistenz einen Becher Crème fraîche zugeben, für etwas mehr Schärfe ein paar Tropfen Tabasco.

READY in 10

LEICHTE GERICHTE MIT BULGUR

Bulgur macht satt und ist einfach zu kochen. Dazu klein geschnittene, gedünstete Paprika, Zwiebeln und frische Kräuter wie Minze oder Petersilie servieren. Schmeckt gut zu gebratenem Halloumi.

EINFACHER QUINOASALAT

Die Quinoa in Brühe garen. Mit Avocado- und Mozzarellastücken, Kirschtomaten und sonnengetrockneten Tomaten vermengen. Mit etwas Olivenöl und einem Spritzer Zitronen- oder Limettensaft abschmecken.

SUPERSCHNELLE NUDELN

Nudeln sind das ultimative Schnellgericht: Brokkoli in mundgerechte Stücke teilen, mit Knoblauch, Chili und Sojasauce andünsten. Mit den gekochten Nudeln vermengen, mit einem Spritzer Zitronen- oder Limettensaft verfeinern und mit Erdnüssen garnieren.

BOHNENNUDELN

Bohnennudeln enthalten mehr Eiweiß und weniger Kohlenhydrate als normale Pasta. Die Nudeln kochen. Grünkohl und Champignons hacken und mit gepresstem Knoblauch, Olivenöl und Salz vermengen. Die Mischung einige Minuten andünsten und dann mit den Nudeln mischen. Mit Kürbiskernen servieren. Als weitere schnelle Variante kannst du die Nudeln mit Olivenöl, Knoblauch, schwarzem Pfeffer und Parmesan servieren. Natürlich schmecken die Bohnennudeln auch mit der Tomatensauce von Seite 56.

GEBRATENER REIS

Schnell und sehr lecker! Den gekochten Reis zusammen mit einem Ei, das du direkt in die Pfanne schlägst, und gehacktem, gedünstetem Gemüse (zum Beispiel Paprika, Zwiebeln, Karotten) braten. Nimm einfach, was du am liebsten magst! Mit Soja-, Fisch- oder Austernsauce abschmecken.

TACO „MITTEN IN DER WOCHE"

Leicht und supergut! Taco-Shells mit Bohnen oder Linsen füllen (gibt es auch als fertige Mischung), mit ein wenig Olivenöl, Rucola und gehacktem Lauch oder roter Zwiebel (siehe Bild auf Seite 45) verrühren. Rote Zwiebel passt auch gut zu Avocado- und Mangostückchen. Etwas Sauerrahm oder Crème fraîche und das Tacogewürz von Seite 112 daraufgeben.

Ein richtiger Luxustag!

Passt zu fast allem

DIE OPTIMALE TOMATENSAUCE

DIESE SAUCE KANNST DU FÜR PIZZA ODER PASTA NEHMEN. WENN DU ETWAS BRÜHE HINZUFÜGST, HAST DU EINE LECKERE TOMATENSUPPE. ES BIETET SICH AN, EINE GRÖSSERE MENGE ZUZUBEREITEN UND EINZUFRIEREN.

1 DOSE STÜCKIGE TOMATEN
  (400 G FÜLLGEWICHT)
2 KNOBLAUCHZEHEN,
  ABGEZOGEN
2 EL OLIVENÖL
1 TL CHILIFLOCKEN
1 EL BALSAMICOESSIG
1 PRISE ZUCKER
SALZ UND SCHWARZER PFEFFER

1. Die Tomaten in einen Topf geben. Den Knoblauch dazupressen. Olivenöl, Chiliflocken, Essig und Zucker hinzufügen.

2. Die Sauce etwa 15 Minuten ohne Deckel köcheln lassen, bis sie etwas eingedickt ist.

3. Mit Salz und Pfeffer abschmecken.

SÜSSKARTOFFELFRIKADELLEN MIT KNOBLAUCH

MIT DEM STANDMIXER (ODER STABMIXER) SIND DIESE BRATLINGE MEGASCHNELL GEMIXT. DU KANNST SIE MIT BOHNENNUDELN, QUINOA ODER EINER LECKEREN TOMATENSAUCE (SEITE 56) ESSEN. EIN KLECKS JOGHURT ODER CRÈME FRAÎCHE IST DANN DAS I-TÜPFELCHEN.

FÜR 2 PERSONEN

1 STÜCK FRISCHE INGWER-
  WURZEL (CA. 5 CM)
300 G SÜSSKARTOFFELN
1 DOSE KICHERERBSEN
  (380 G FÜLLGEWICHT),
  ABGETROPFT
2 KNOBLAUCHZEHEN,
  ABGEZOGEN
SALZ
SCHWARZER PFEFFER
KOKOSÖL ZUM BRATEN

1. Den Ingwer schälen, dann reiben oder in kleine Stücke schneiden. Die Süßkartoffeln schälen und würfeln.

2. Ingwer, Süßkartoffeln und Kichererbsen in den Mixer geben. Den Knoblauch dazupressen und alles zu einer glatten Masse pürieren.

3. Alles mit Salz und Pfeffer abschmecken.

4. Aus der Masse Frikadellen formen. Das Kokosöl in einer Pfanne auf mittlerer Stufe erhitzen und die Frikadellen darin von beiden Seiten braten.

WIR lieben Eier!

EIER = SUPERFOOD!
EIER SIND EXTREM NÄHRSTOFFREICH,
DENN SIE ENTHALTEN PROTEIN VON EXTRAGUTER
QUALITÄT, VITAMINE UND MINERALSTOFFE.
SOWOHL DAS EIWEISS ALS AUCH DAS
EIGELB SIND GESUND.

AUS EIERN KANNST DU GANZ
EINFACH ALLES MÖGLICHE ZUBEREITEN -
DU KANNST SIE KOCHEN, BRATEN, ZU RÜHREI
ODER OMELETT VERARBEITEN, PFANNKUCHEN,
CRÊPES ODER GALETTES DARAUS
MACHEN.

Kochzeiten

(VON MITTELGROSSEN EIERN)

HART GEKOCHT: 8-9 MINUTEN

WEICHES EIGELB: 6-8 MINUTEN

WEICH GEKOCHT: 4-5 MINUTEN

Liefert viel Eiweiß

OMELETT MIT FETA UND TOMATEN

EIN OMELETT IST PERFEKT ALS LEICHTES MITTAGESSEN ODER ZWISCHENSNACK. DIESES BEKOMMT EXTRAVIEL GESCHMACK DURCH FRÜHLINGSZWIEBEL UND SPINAT.

FÜR 2 PERSONEN

4 EIER
3 EL WASSER
½ TL SALZ
1 MSP. SCHWARZER PFEFFER
1 FRÜHLINGSZWIEBEL, GEPUTZT
6 COCKTAILTOMATEN,
  GEWASCHEN
½ PACKUNG FETA
1 GROSSE HANDVOLL SPINAT
BUTTER ZUM BACKEN
SALZ UND SCHWARZER PFEFFER

1. Eier, Wasser, Salz und Pfeffer in einer Schüssel verquirlen.

2. Die Frühlingszwiebel in Ringe schneiden, die Tomaten halbieren und den Feta würfeln.

3. Die Butter auf mittlerer Stufe in einer Pfanne zerlassen. Frühlingszwiebel, Tomaten, Feta und Spinat kurz darin andünsten, dann die Eiermischung darübergießen.

4. Umrühren, damit sich das Ei verteilt, dann auf mittlerer Stufe vorsichtig backen, bis das Omelett eine schöne Farbe bekommt.

5. Mit Salz und Pfeffer abschmecken.

Von frankreich inspiriert
GALETTES MIT ROTER BETE UND ZIEGENKÄSE

SONNENBLUMENKERNE UND HONIG GEBEN DIESEN SATT MACHENDEN PFANNKUCHEN IHREN VOLLEN GESCHMACK.

FÜR 2 PERSONEN/
4 GALETTES

180 G BUCHWEIZENMEHL
2 EIER
400 ML KALTES WASSER
½ TL SALZ
1 ROTE BETE
100 G ZIEGENKÄSE
BUTTER ZUM BACKEN
40 G SONNENBLUMENKERNE
2 EL HONIG

1. Mehl, Eier, Wasser und Salz in einer großen Schüssel verrühren.

2. Die Rote Bete schälen und grob reiben. Den Ziegenkäse in Stücke schneiden.

3. Den Teig mit einem Schneebesen aufschlagen. Die Butter auf mittlerer Stufe in einer Pfanne zerlassen und die Galettes darin backen (etwa 80 Gramm Teig pro Galette), bis sie eine schöne Farbe bekommen. Dann wenden und von der anderen Seite backen.

4. Die Galettes mit Roter Bete, Ziegenkäse und Sonnenblumenkernen bestreuen und mit Honig beträufelt servieren.

Lecker gefüllt
CRÊPES MIT SPINAT UND RICOTTA

KÖSTLICHE CRÊPES MIT SPINAT, RICOTTA UND GERIEBENEM KÄSE SCHMECKEN SUPER. WER WILL, KANN SIE AUCH NOCH MIT EXTRAKÄSE IM OFEN ÜBERBACKEN. DEN RICOTTA KANNST DU DURCH JEDEN ANDEREN FRISCHKÄSE ERSETZEN.

FÜR 2 PERSONEN

120 G WEIZENMEHL
400 ML MILCH
2 EIER
BUTTER ZUM BACKEN
1 MSP. SALZ
2 HANDVOLL FRISCHER SPINAT,
  VERZEHRFERTIG
125 G RICOTTA
GERIEBENER KÄSE
SALZ UND SCHWARZER PFEFFER

1. Das Mehl mit der Hälfte der Milch zu einem gleichmäßigen Teig verrühren. Den Rest der Milch und die Eier hinzugeben.

2. Die Butter auf mittlerer Stufe in einer Pfanne zerlassen. Den Teig gleichmäßig darin verteilen. Wenn die Unterseite goldgelb ist, den Pfannkuchen wenden, bis auch die andere Seite goldbraun ist. Auf einen Teller legen und warm halten. Nach jedem Pfannkuchen wieder etwas Butter in die Pfanne geben. Etwa 80 Gramm Teig pro Pfannkuchen.

3. Spinat und Ricotta auf den Pfannkuchen verteilen. Den geriebenen Käse darüberstreuen und die Pfannkuchen aufrollen oder zusammenfalten.

4. Mit Salz und Pfeffer abschmecken.

Nahrhaft und gut
BUCHWEIZENWAFFELN MIT SPINAT

DIESE WAFFELN MACHEN LANGE SATT UND GLÜCKLICH! DAS REZEPT ERGIBT VIER DICKE WAFFELN.

FÜR 2 PERSONEN

120 G BUCHWEIZENMEHL
1 TL BACKPULVER
100 ML HAFERDRINK
1 EI
¼ TL SALZ
100 ML KALTES WASSER
25 G BUTTER

FETACREME
½ PACKUNG FETA
100 G CRÈME FRAÎCHE
ETWAS PFEFFER
1 SCHUSS OLIVENÖL

ZUM SERVIEREN
4 GROB GEHACKTE SONNEN-
   GETROCKNETE TOMATEN
1 GROSSE HANDVOLL SPINAT,
   VERZEHRFERTIG

1. Alle Zutaten für die Fetacreme verrühren.

2. Mehl und Backpulver vermengen.

3. Haferdrink, Ei und Salz hinzugeben, dann das Wasser zugießen. Zu einem glatten Teig verrühren.

4. Die Butter schmelzen und leicht abkühlen lassen, dann unter den Teig mischen.

5. Ein Waffeleisen mit Butter einfetten und die Waffeln darin so lange backen, bis sie goldbraun sind.

6. Mit sonnengetrockneten Tomaten, Spinat und Fetacreme servieren.

Klein, aber fein

MINI-MAISPFANNKUCHEN MIT HÜTTENKÄSE

DIESE KLEINEN, KÖSTLICHEN BUCHWEIZENPFANNKUCHEN HALTEN DICH LANGE SATT. EXTRALECKER: DIE KOMBINATION AUS HÜTTENKÄSE, ROTER ZWIEBEL UND RUCOLA.

FÜR 2 PERSONEN

½ ROTE ZWIEBEL, ABGEZOGEN
1 GROSSE HANDVOLL RUCOLA, VERZEHRFERTIG
90 G BUCHWEIZENMEHL
¼ TL SALZ
200 ML MILCH (SORTE NACH BELIEBEN)
1 EI
150 G MAIS AUS DER DOSE
BUTTER ZUM BACKEN
250 G HÜTTENKÄSE

1. Zwiebel und Rucola hacken.

2. Das Mehl mit dem Salz mischen. Milch und Ei zugeben und alles zu einem Teig verrühren. Die Maiskörner abtropfen lassen und in den Teig rühren.

3. Die Butter in einer Pfanne auf mittlerer Stufe zerlassen. Eine kleine Kelle Teig hineingeben und die kleinen Pfannkuchen von jeder Seite etwa 2 Minuten goldbraun backen.

4. Mit Hüttenkäse, Rucola und Zwiebel servieren.

Asiatisch & VEGGIE

Asiatische Aromen
SÜSSKARTOFFELNUDELN MIT ROTKOHL

EIN FRISCHER SALAT MIT NUDELN – MIT DEM DRESSING SCHMECKT ER SO RICHTIG ASIATISCH!

FÜR 2 PERSONEN

SÜSSKARTOFFELNUDELN FÜR
  2 PERSONEN (ASIAMARKT)
200 G ROTKOHL, GEWASCHEN
  UND GEPUTZT
1 PAK CHOI, GEWASCHEN
  UND GEPUTZT
½ CHILISCHOTE, ENTKERNT
25 G CASHEWKERNE
FRISCHER KORIANDER ZUM
  GARNIEREN

DRESSING
1 EL SESAMÖL
1 EL JAPANISCHE SOJASAUCE
½ EL HONIG
1 STÜCK FRISCHE INGWER-
  WURZEL (3 CM), GERIEBEN
SAFT VON ½ LIMETTE
1 EL OLIVENÖL

ZUM SERVIEREN
KORIANDERBLÄTTER
CASHEWKERNE

1. Die Nudeln nach Packungsanweisung kochen.

2. Alle Zutaten für das Dressing verrühren.

3. Den Rotkohl mit einem Hobel oder einem Sparschäler in Streifen schneiden. Den Pak Choi in feine Streifen schneiden. Die Chili fein hacken.

4. Den Rotkohl mit Pak Choi und Chili vermengen, das Dressing darübergießen. Eine Weile durchziehen lassen.

5. Den Rotkohlsalat mit den Nudeln mischen. Mit Koriander und Cashewkernen garniert servieren.

Einfach und supergut
TOFU-RAMEN-SUPPE

EINE PIKANTE NUDELSUPPE, DIE DU SCHNELL ZUSAMMENGERÜHRT HAST. FÜR NOCH MEHR GESCHMACK KANNST DU JAPANISCHE DASHI-BRÜHE VERWENDEN.

FÜR 2 PERSONEN

600 ML WASSER
6 CHAMPIGNONS
1 STÜCK LAUCHSTANGE (8 CM)
200 G TOFU
½ PÄCKCHEN REISNUDELN
 (CA. 90 G)
1 KNOBLAUCHZEHE, ABGEZOGEN
2 BRÜHWÜRFEL
2 EL JAPANISCHE SOJASAUCE
3 TL SESAMÖL
1 GROSSE HANDVOLL SPINAT

1. Das Wasser in einem Topf zum Kochen bringen.

2. Die Champignons säubern und in Scheiben schneiden. Die Lauchstange längs einschneiden und abspülen, dann in Ringe schneiden. Den Tofu würfeln.

3. Die Nudeln ins kochende Wasser geben. Den Knoblauch dazupressen, dann Brühwürfel, Tofu, Champignons, Lauch, Sojasauce, Sesamöl und Spinat hinzugeben. Nach der Anweisung auf der Nudelpackung kochen.

Tipp! Am besten füllst du die Suppe in asiatische Suppenschalen und servierst sie ganz stilecht mit Stäbchen und einem Löffel.

Ganz leicht zubereitet

KAROTTENSUPPE MIT INGWER

DIE GESCHMACKSKOMBINATION AUS INGWER, KNOBLAUCH UND CHILI VERLEIHT DIESER AROMATISCHEN SUPPE EINEN ASIATISCHEN TOUCH.

FÜR 2 PERSONEN

3 KAROTTEN
1 STÜCK FRISCHE INGWER-
  WURZEL (3 CM)
1 KNOBLAUCHZEHE
1 DOSE KOKOSMILCH (250 ML)
2 TL BIO-GEMÜSEBRÜHE
1 TL ZITRONENSAFT
WASSER (ZUM VERDÜNNEN,
  DAMIT DIE KONSISTENZ STIMMT)
1 TL CHILIFLOCKEN

1. Die Karotten schälen und in Stücke schneiden. 10 Minuten in kochendem Wasser garen.

2. Den Ingwer schälen und klein schneiden. Die Knoblauchzehe abziehen.

3. Karotten, Ingwer, Knoblauch, Kokosmilch, Brühe und Zitronensaft mit dem Stabmixer pürieren. Mit Wasser so lange verdünnen, bis die gewünschte Konsistenz erreicht ist.

4. Einige Minuten köcheln lassen.

5. Mit Chiliflocken garnieren und servieren.

HALLOUMI

Italian Style
HALLOUMI-PIZZA

IM OFEN WIRD DER HALLOUMI SCHÖN CREMIG, UND DIE PIZZA IST SUPERSCHNELL GEMACHT.

1 PIZZA

1 PIZZAKIT MIT TOMATENSAUCE
1 PACKUNG HALLOUMI
1 ROTE PAPRIKASCHOTE,
 GEWASCHEN
1 EL PINIENKERNE
1 HANDVOLL RUCOLA

ALTERNATIV: DEINE EIGENE
 TOMATENSAUCE VON SEITE 56

1. Den Backofen auf 220 °C Ober- und Unterhitze vorheizen.

2. Den Pizzateig auf einem Backblech ausrollen. Die Tomatensauce darauf ausstreichen.

3. Den Halloumi in Scheiben und die Paprika in Streifen schneiden. Die Pizza damit belegen. Die Pinienkerne darüberstreuen.

4. Im Ofen auf der mittleren Schiene 12–15 Minuten backen.

5. Die Pizza kurz vor dem Servieren mit Rucola belegen.

Turboschnell und lecker

HALLOUMI-BURGER

DIESER BURGER IST IDEAL, WENN DU MAL NICHT SO VIEL ZEIT HAST. NUR KURZ BRATEN, DAS DRESSING ANRÜHREN, UND SCHWUPS IST ALLES FERTIG!

FÜR 2 PERSONEN

1 PACKUNG HALLOUMI
EINIGE MANGOLDBLÄTTER
2 HAMBURGERBRÖTCHEN

CHILISAUCE
100 G CRÈME FRAÎCHE
2 TL SAMBAL OELEK
SALZ UND SCHWARZER PFEFFER

1. Den Halloumi längs halbieren, sodass zwei Burger-Pattys entstehen. Den Halloumi in einer Antihaft-Pfanne braten, bis er weich wird und Farbe angenommen hat.

2. Crème fraîche und Sambal Oelek zu einem Dressing verrühren. Mit Salz und Pfeffer abschmecken.

3. Die Brötchen kurz in der Pfanne anwärmen. Jeweils eine Hälfte mit Halloumi und Mangold belegen, die Sauce daraufgeben und die zweite Hälfte darauflegen.

Gut und gesund

ROTKOHLSALAT MIT HALLOUMI

DIESER SALAT MIT DER ASIATISCHEN KOHLSORTE PAK CHOI PASST HERVORRAGEND ZU HALLOUMI.

FÜR 2 PERSONEN

200 G ROTKOHL, GEWASCHEN
   UND GEPUTZT
1 PAK CHOI, GEWASCHEN UND
   GEPUTZT
½ CHILISCHOTE, ENTKERNT

DRESSING
1 STÜCK FRISCHE INGWER-
   WURZEL (3 CM)
1 EL SESAMÖL
1 EL JAPANISCHE SOJASAUCE
½ EL HONIG
SAFT VON ½ LIMETTE
1 EL OLIVENÖL

ZUM SERVIEREN
HALLOUMI

1. Zunächst das Dressing anrühren. Dazu den Ingwer schälen und grob reiben.

2. Alle Dressingzutaten verrühren und während der Salatzubereitung ziehen lassen.

3. Den Rotkohl mit einem Hobel oder einem Sparschäler in Streifen schneiden. Den Pak Choi in feine Streifen schneiden.

4. Die Chili fein hacken und 10 Minuten im Dressing ziehen lassen.

5. Rotkohl und Pak Choi in einer Schüssel vermengen und das Dressing darüber-geben.

6. Mit Halloumi servieren.

Gesund und nahrhaft
HALLOUMI-SALAT

ZUSAMMEN MIT GEDÜNSTETEM GEMÜSE UND QUINOA WIRD DER
HALLOUMI-SALAT ZUM HAUPTGERICHT. SO LECKER!

FÜR 2 PERSONEN

80 G QUINOA
200 ML WASSER
½ BRÜHWÜRFEL ODER
  ½ TL DASHI-GRANULAT
1 PACKUNG HALLOUMI
1 ROTE ZWIEBEL, ABGEZOGEN
1 KNOBLAUCHZEHE, ABGEZOGEN
10 COCKTAILTOMATEN
10 CHAMPIGNONS
OLIVENÖL ZUM BRATEN
2 HANDVOLL SPINAT
SALZ UND SCHWARZER PFEFFER

1. Die Quinoa nach Packungsanweisung,
jedoch in Brühe statt Wasser, garen.

2. Den Halloumi in Scheiben schneiden.
Zwiebel und Knoblauch hacken. Die Tomaten halbieren, die Champignons säubern
und in Scheiben schneiden.

3. Das Olivenöl in einer Pfanne erhitzen
und Knoblauch, Zwiebel und Champignons darin dünsten. Spinat und Tomaten
zugeben und einige Minuten mitdünsten.
Mit Salz und Pfeffer abschmecken, herausnehmen und beiseitestellen.

4. Den Halloumi im übrig gebliebenen Öl
anbraten.

5. Quinoa und Gemüse mit dem Halloumi
servieren.

POKÉ Bowls

POKÉ-BOWLS KOMMEN URSPRÜNGLICH AUS HAWAII,
WO SIE AUS REIS, GEMÜSE UND MARINIERTEM FISCH BESTEHEN.
WIR STELLEN DIR HIER EINIGE VEGETARISCHE VARIANTEN VOR.

Poké ist hawaiisch und bedeutet „in Stücke schneiden".

farbenfroh und gesund
BOWL MIT ROTKOHL

VEGANE FLEISCHPRODUKTE ZU ROTKOHL, CHAMPIGNONS UND TOMATEN SCHMECKEN NICHT NUR FRISCH, SONDERN SIND AUCH EINFACH ZUZUBEREITEN.

FÜR 2 PERSONEN

REIS FÜR 2 PERSONEN
200 G ROTKOHL, GEWASCHEN
 UND GEPUTZT
1 FRÜHLINGSZWIEBEL,
 GEWASCHEN UND GEPUTZT
4 CHAMPIGNONS
4 COCKTAILTOMATEN
½ PÄCKCHEN VEGANES
 FLEISCHPRODUKT MIT
 BELIEBIGER MARINADE (140 G)
OLIVENÖL ZUM BRATEN
1 HANDVOLL SPINAT

ZUM GARNIEREN
SESAMSAMEN

DRESSING
50 ML OLIVENÖL
1½ EL BALSAMICOESSIG
KRÄUTERSALZ

1. Den Reis nach Packungsanweisung garen.

2. Die Zutaten für das Dressing verrühren.

3. Rotkohl und Frühlingszwiebel in Streifen schneiden. Die Champignons säubern und in Scheiben, die Tomaten in Stücke schneiden.

4. Das Olivenöl in einer Pfanne erhitzen und das Fleischprodukt braten.

5. Den Reis mit Fleischprodukt und Gemüse in zwei Schalen anrichten.

6. Mit dem Dressing übergießen und mit Sesam garniert servieren.

Einfach, aber üppig

BOWL MIT MARINIERTEM TOFU

DIESER FRISCHE SALAT MIT TOFU UND GEMÜSE ÜBERRASCHT MIT VIEL GESCHMACK. HAST DU ES MAL EILIG, KAUFST DU EINFACH FERTIG MARINIERTEN TOFU.

FÜR 2 PERSONEN

SCHWARZER REIS FÜR 2 PERSONEN
1 PACKUNG TOFU NATUR (270 G)
1 KLEINER BROKKOLI
1 KAROTTE, GESCHÄLT
1 ROTE PAPRIKASCHOTE, GEWASCHEN
1 MANGO UND ENTSTEINT
1 AVOCADO UND ENTKERNT

MARINADE

3 EL JAPANISCHE SOJASAUCE
2 KNOBLAUCHZEHEN, ABGEZOGEN
   UND DURCHGEPRESST
1 EL GROB GERIEBENER INGWER
1 EL OLIVENÖL
1 EL SESAMÖL
1 TL AGAVENDICKSAFT

ZUM GARNIEREN

KÜRBISKERNE
ERBSENSPROSSEN
MANDELN
CHILIFLOCKEN

1. Den Reis nach Packungsanweisung garen.

2. Die Zutaten für die Marinade verrühren.

3. Den Tofu in Würfel schneiden und in die Marinade legen.

4. Den Brokkoli in Röschen zerteilen. Die Karotte mit dem Sparschäler in Streifen schneiden. Die Paprika mit dem Messer in Streifen schneiden.

5. Mango und Avocado schälen und in Stücke schneiden.

6. Den Reis mit dem marinierten Tofu und dem Gemüse in zwei Schalen anrichten, mit der übrig gebliebenen Marinade übergießen.

7. Mit Kürbiskernen, Erbsensprossen, Mandeln und Chiliflocken garnieren.

In Sesam marinierter
TOFU MIT BLUMENKOHL

POKÉ BOWLS KANNST DU ENDLOS VARIIEREN – NIMM DAFÜR EINFACH, WAS DU ZU HAUSE HAST! DER FANTASIE SIND KEINE GRENZEN GESETZT.

FÜR 2 PERSONEN

ROTER REIS FÜR ZWEI PERSONEN
1 PACKUNG TOFU NATUR (270 G)
½ ROTE ZWIEBEL, ABGEZOGEN
80 G EDAMAME-BOHNEN
1 HANDVOLL BLUMENKOHL-
   RÖSCHEN
1 HANDVOLL GEHACKTER
   GRÜNKOHL

MARINADE
3 EL JAPANISCHE SOJASAUCE
2 KNOBLAUCHZEHEN, ABGE-
   ZOGEN UND DURCHGEPRESST
1 EL GROB GERIEBENER INGWER
1 EL OLIVENÖL
1 EL SESAMÖL
1 TL AGAVENDICKSAFT

ZUM GARNIEREN
ALFALFASPROSSEN
GRANATAPFELKERNE (FRISCH,
   GETROCKNET ODER GEFROREN)

1. Den Reis nach Packungsanweisung garen.

2. Die Zutaten für die Marinade verrühren.

3. Den Tofu in Stücke schneiden und in die Marinade legen.

4. Die Zwiebel in Streifen schneiden. Die Bohnen einige Minuten kochen.

5. Den Reis mit mariniertem Tofu, Blumenkohl, Zwiebel, Bohnen und Grünkohl in zwei Schalen anrichten und mit der übrig gebliebenen Marinade übergießen.

7. Mit Alfalfasprossen und Granatapfelkernen garniert servieren.

Mehr Geschmack fürs Gemüse!
SALATDRESSINGS

MIT EINEM RAFFINIERTEN DRESSING KANNST DU SOWOHL SALATE ALS AUCH GEMÜSE AUFPEPPEN. LAGER ES IM KÜHLSCHRANK, DAMIT ES LÄNGER HÄLT.

FÜR 2 PERSONEN

ASIATISCHES DRESSING
½ ROTE CHILISCHOTE
1 KNOBLAUCHZEHE, ABGEZOGEN
1 TL ZUCKER
SAFT VON 1 LIMETTE
1 EL FISCHSAUCE (ODER
  SOJASAUCE)
2 EL WASSER

1. Chili und Knoblauch hacken.

2. Mit dem Zucker vermischen.

3. Limettensaft, Fischsauce und Wasser dazugeben und alles verrühren.

HONIGDRESSING
1 KNOBLAUCHZEHE, ABGEZOGEN
50 ML OLIVENÖL
½ EL ZITRONENSAFT
½ EL HONIG

1. Den Knoblauch hacken.

2. Olivenöl, Zitronensaft, Honig und Knoblauch in ein Schraubglas geben und kräftig schütteln.

Tipp! Zitronensaft kannst du auch im Fläschchen kaufen. So eins solltest du immer vorrätig haben, weil es sich länger hält als eine frische Zitrone.

Food and
FRIENDS

Cremig-lecker

OFENKARTOFFELN MIT KICHERERBSENPÜREE

EINFACHER GEHT'S NICHT! ABER SATT WIRST DU DAVON BESTIMMT!

FÜR 2 PERSONEN

2 GROSSE KARTOFFELN
½ PAPRIKASCHOTE, IN STREIFEN
  GESCHNITTEN

KICHERERBSENPÜREE
250 G GEKOCHTE KICHERERBSEN
2 KNOBLAUCHZEHEN, ABGE-
  ZOGEN UND DURCHGEPRESST
2 TL ZITRONENSAFT
3 EL OLIVENÖL
1 EL TAHINI (SESAMPASTE)
3 EL GEHACKTES BASILIKUM PLUS
  EINIGE BLÄTTER ZUM SERVIEREN
1 TL CHILIFLOCKEN
SALZ UND SCHWARZER PFEFFER

ZUM ÜBERBACKEN
1 KLECKS BUTTER
150 G MAIS
GERIEBENER KÄSE

1. Den Backofen auf 200 °C Ober- und Unterhitze vorheizen.

2. Die Kartoffeln waschen und die Schale gut abbürsten. Auf jeder Seite ein paarmal einstechen. In der Mikrowelle auf höchster Stufe je nach Größe 10–15 Minuten vor-backen, nach der Hälfte der Zeit wenden. Mit einem Holzstäbchen die Garprobe machen – es sollte sich leicht in die Kar-toffel einstechen lassen. Die Kartoffeln danach im Ofen etwa 5 Minuten fertig backen, damit die Schale ein bisschen knusprig wird.

3. Für das Püree die Kichererbsen mit Knoblauch, Zitronensaft, Olivenöl, Tahini, Basilikum und Chiliflocken mit dem Stab-mixer oder im Standmixer pürieren.

4. Mit Salz und Pfeffer abschmecken.

5. Die Kartoffeln aufschneiden und mit Butter, Kichererbsenpüree, Mais und Käse füllen und weitere 5 Minuten im Ofen überbacken. Mit Paprikastreifen servieren.

Hot and spicy

CHILI SIN CARNE

DEFTIGER EINTOPF MIT ANGENEHMER SCHÄRFE. WENN ES RICHTIG SATT MACHEN SOLL, SERVIERE EINFACH REIS DAZU.

FÜR 4 PERSONEN

2 ZWIEBELN, ABGEZOGEN
2 KNOBLAUCHZEHEN,
   ABGEZOGEN
OLIVENÖL ZUM BRATEN
300 G QUORN (AUS DEM
   KÜHLREGAL)
1 DOSE STÜCKIGE TOMATEN
   (400 G FÜLLGEWICHT)
150 ML WASSER
1 BRÜHWÜRFEL NACH WAHL
1 EL TOMATENMARK
1 TL PAPRIKAPULVER
1 TL CHILIFLOCKEN ODER CHILI-
   GEWÜRZ
2 DOSEN WEISSE BOHNEN
   (À 400 G FÜLLGEWICHT)
SALZ UND SCHWARZER PFEFFER

ZUM SERVIEREN
BROT

1. Die Zwiebeln hacken und den Knoblauch durchpressen.

2. Das Olivenöl in einer Pfanne auf mittlerer Stufe erhitzen. Zwiebeln und Knoblauch einige Minuten darin anbräunen.

3. Das Quorn hinzufügen und einige Minuten mitbraten. Tomaten, Wasser, Brühwürfel, Tomatenmark und Gewürze zugeben. Den Deckel auflegen und das Ganze etwa 10 Minuten auf niedriger Stufe köcheln lassen.

4. Die Bohnen untermengen und einige Minuten mitgaren. Das Chili mit Salz und Pfeffer abschmecken.

5. Mit Brot servieren.

Mit Spinat und Chili
WÜRZIGER LINSEN-SPINAT-TOPF

KOCH DAVON EINE ORDENTLICHE LADUNG UND FRIERE SIE EIN – ODER LADE FREUNDE ZUM ABENDESSEN EIN. SERVIERE FÜR EINE GEHALTVOLLERE MAHLZEIT BASMATIREIS DAZU.

FÜR 4 PERSONEN

1 ZWIEBEL, ABGEZOGEN
1 ROTE CHILISCHOTE, ENTKERNT
OLIVENÖL ZUM BRATEN
2 KNOBLAUCHZEHEN, ABGEZO-
  GEN UND DURCHGEPRESST
1 DOSE KOKOSMILCH
  (400 G FÜLLGEWICHT)
1 DOSE STÜCKIGE TOMATEN
  (400 G FÜLLGEWICHT)
1 BRÜHWÜRFEL NACH WAHL
270 G ROTE LINSEN
2 HANDVOLL SPINAT

1. Zwiebel und Chili hacken.

2. Das Olivenöl in einem Topf auf mittlerer Stufe erhitzen und Zwiebel, Chili und Knoblauch darin einige Minuten andünsten.

3. Kokosmilch und Tomaten zugeben. Den Brühwürfel zerbröseln und hinzufügen.

4. Die Linsen abspülen und in den Eintopf einrühren.

5. Die Mischung umrühren und zum Kochen bringen. Die Temperatur herunterschalten und das Ganze etwa 15 Minuten leicht köcheln lassen, bis die Linsen weich sind. Falls der Eintopf zu dick wird, etwas Wasser einrühren.

6. Zum Schluss den Spinat unterheben.

Würzig und leicht säuerlich
KICHERERBSENBURGER MIT SPINAT

UNGEWÖHNLICHER BURGER MIT ROTKOHL, SPINAT UND JOGHURT, DER MIT ZITRONENSAFT VERFEINERT IST.

FÜR 2 PERSONEN

1 DOSE KICHERERBSEN
 (400 G FÜLLGEWICHT)
1 TL PAPRIKAPULVER
½ TL KREUZKÜMMEL
1 TL BASILIKUM
2 EL KARTOFFELSTÄRKE
1 TL ZITRONENSAFT
1 EL SAHNE
SALZ UND SCHWARZER PFEFFER
EINIGE BLÄTTER ROTKOHL
OLIVENÖL ZUM BRATEN

1 HANDVOLL SPINAT
2 HAMBURGERBRÖTCHEN

TÜRKISCHER JOGHURT

1. Die Kichererbsen im Standmixer oder mit dem Stabmixer pürieren. Gewürze, Kartoffelstärke, Zitronensaft und Sahne hinzugeben. Mit Salz und Pfeffer abschmecken.

2. Den Rotkohl in Streifen schneiden. Das Olivenöl in einem Topf auf mittlerer Stufe erhitzen und den Rotkohl darin einige Minuten andünsten. Herausnehmen und beiseitestellen.

3. Die Hände mit Kartoffelstärke bestäuben und aus der Kichererbsenmasse zwei Burger-Pattys formen. Eventuell noch etwas Öl in den Topf geben und auf mittlerer Stufe erhitzen. Die Burger-Pattys darin von jeder Seite 5 Minuten braten. Vorsichtig wenden.

4. Spinat und Rotkohl auf die unteren Brötchenhälften legen und je einen Patty darauflegen.

5. Türkischen Joghurt darüberstreichen und die oberen Brötchenhälften auflegen.

Großartige
BOHNENBÄLLCHEN MIT TOMATENSAUCE

EIN LIEBLINGSREZEPT, DAS SOWOHL MITTAGS ALS AUCH ABENDS SCHMECKT, WENN FREUNDE ZU BESUCH KOMMEN.

FÜR 2 PERSONEN

30 G HAFERFLOCKEN
50 G SEMMELBRÖSEL
100 G KOKOSSAHNE
1 KAROTTE, GESCHÄLT
½ ZWIEBEL, ABGEZOGEN
2 KNOBLAUCHZEHEN, ABGEZOGEN
2 DOSEN BORLOTTIBOHNEN
  (À 400 G FÜLLGEWICHT)
2 EL TOMATENMARK
40 G SONNENBLUMENKERNE
SALZ
SCHWARZER PFEFFER
OLIVENÖL ZUM BRATEN

TOMATENSAUCE
½ ZWIEBEL, ABGEZOGEN
2 KNOBLAUCHZEHEN, ABGEZOGEN
1 DOSE STÜCKIGE TOMATEN
  (400 G FÜLLGEWICHT)
2 EL TOMATENMARK
1 EL OLIVENÖL
SALZ UND SCHWARZER PFEFFER

1. Haferflocken und Semmelbrösel 10 Minuten in der Sahne quellen lassen.

2. Die Karotte grob reiben, Zwiebel und Knoblauch fein hacken.

3. Bohnen, Karotte, Zwiebel, Knoblauch, Tomatenmark und Sonnenblumenkerne im Standmixer oder mit dem Stabmixer zu einer gleichmäßigen Masse verarbeiten.

4. Die Haferflockenmischung untermengen und alles mit Salz und Pfeffer abschmecken.

5. Die Masse zu Bällchen formen. Das Ölivenöl auf mittlerer Stufe in einer Pfanne erhitzen und die Bällchen darin rundum braten, bis sie eine schöne Farbe angenommen haben.

6. Für die Tomatensauce Zwiebel und Knoblauch hacken.

7. Stückige Tomaten, Tomatenmark, Zwiebel, Knoblauch und Olivenöl in einer Schüssel verrühren. Mit Salz und Pfeffer abschmecken.

8. Die Bällchen auf der Pasta anrichten und mit der Tomatensauce servieren.

für jeden was dabei
TACO FEVER

MIT TACOS KANNST DU NICHTS FALSCH MACHEN! SIE SIND PERFEKT FÜR EIN ESSEN MIT FREUNDEN – UND ALLE KÖNNEN SICH NACH HERZENSLUST IHRE LIEBLINGS-TACOS ZUSAMMENSTELLEN.

BÜFETT-PORTIONEN

TACO-GEWÜRZ
2 EL CHILIPULVER
2 EL PAPRIKAPULVER
1 EL GEMAHLENER
  KREUZKÜMMEL
1 EL KNOBLAUCHPULVER
1 EL SALZ
1 TL CAYENNEPFEFFER

1. Alle Zutaten für das Taco-Gewürz mischen.

2. Alles, was übrig bleibt, kann trocken aufbewahrt und dann für die nächste Taco-Schlacht verwendet werden.

GUACAMOLE
1 AVOCADO
1 KNOBLAUCHZEHE, ABGEZOGEN
½ JALAPEÑO-CHILISCHOTE
1 TL LIMETTENSAFT
1 SCHUSS OLIVENÖL
TACO-GEWÜRZ (MENGE JE
  NACH GESCHMACK)

1. Die Avocado entkernen und mit einer Gabel zerdrücken.

2. Die Knoblauchzehe dazupressen, die Jalapeño hacken.

3. Das Avocadomus mit Knoblauch und Jalapeño verrühren.

4. Limettensaft, Olivenöl und Taco-Gewürz unterrühren.

HALLOUMI MIT SPINAT

1 PACKUNG HALLOUMI
ÖL ZUM BRATEN
2 HANDVOLL SPINAT
CHILIFLOCKEN

1. Den Halloumi würfeln.

2. Öl in einer Pfanne erhitzen und die Halloumiwürfel darin goldgelb braten.

3. Den Spinat zugeben und mitdünsten, bis er zerfällt.

4. Mit Chiliflocken abschmecken.

. . . .

MANGOSALSA

1 PÄCKCHEN TK-MANGO
½ ROTE ZWIEBEL, ABGEZOGEN
EINIGE STÄNGEL FRISCHER
  KORIANDER
1 AVOCADO
1 EL OLIVENÖL
1 TL LIMETTENSAFT

1. Die Mango auftauen lassen.

2. Die rote Zwiebel und den Koriander hacken.

3. Die Avocado schälen und würfeln.

4. Alles in einer Schüssel vermengen.

5. Olivenöl und Limettensaft unterrühren.

. . . .

TOMATENSALAT

10 COCKTAILTOMATEN
OLIVENÖL
SALZ UND SCHWARZER PFEFFER

1. Die Tomaten halbieren.

2. Mit Olivenöl beträufeln.

3. Mit Salz und Pfeffer bestreuen.

. . . .

MAIS MIT CHILI-FLAVOUR

1 ROTE CHILISCHOTE
1 GROSSE DOSE MAIS
  (340 G FÜLLGEWICHT)
OLIVENÖL ZUM BRATEN

1. Die Chili fein hacken.

2. Den Mais abtropfen lassen. Das Öl auf mittlerer Stufe in einer Pfanne erhitzen und Mais und Chili darin braten.

GEBRATENE CHAMPIGNONS

6 CHAMPIGNONS
1 KNOBLAUCHZEHE, ABGEZOGEN
OLIVENÖL ZUM BRATEN
1 MSP. (GERÄUCHERTES)
   PAPRIKAPULVER

1. Die Pilze säubern und in Stücke schneiden.

2. Den Knoblauch hacken. Das Öl in einer Pfanne auf mittlerer Stufe erhitzen und Pilze und Knoblauch darin dünsten.

3. Mit dem Paprikapulver würzen.

. . . .

QUORN-HACK

1 PÄCKCHEN QUORN-HACK (300 G)
3 EL OLIVENÖL
3 EL TACO-GEWÜRZ (SEITE 112)
100 ML WASSER

1. Das Öl auf mittlerer Stufe in einer Pfanne erhitzen und das Hack darin braten.

2. Taco-Gewürz und Wasser hinzugeben und sorgfältig unterrühren.

. . . .

FIX EINGELEGTE ROTE ZWIEBEL

1 ROTE ZWIEBEL, ABGEZOGEN
1 TL ZUCKER
½ EL OLIVENÖL
1 ½ EL APFELESSIG
1 MSP. SALZ

1. Die Zwiebel in feine Scheiben schneiden und in eine Schüssel legen.

2. Zucker zugeben und umrühren.

3. Mit Olivenöl und Essig vermengen.

4. Mit Salz abschmecken.

. . . .

FIX EINGELEGTER LAUCH

½ LAUCHSTANGE, GEWASCHEN
UND GEPUTZT
1 TL ZUCKER
½ EL OLIVENÖL
1 ½ EL CIDRE- ODER APFELESSIG
1 MSP. SALZ

1. Den Lauch in feine Ringe schneiden und in eine Schüssel geben.

2. Zucker unterrühren.

3. Mit Olivenöl und Essig vermengen.

4. Mit Salz abschmecken.

Weiteres Zubehör für die Tacos Eisbergsalat, Alfalfasprossen, geriebener Käse, Taco-Shells, Sauerrahm, Taco-Sauce.

BAKE &
berries

Zum Nachtisch was Gesundes
ERDBEER-SMOOTHIE-BOWL MIT BEEREN

LECKERE ERDBEER-SMOOTHIE-BOWL MIT EINEM TOPPING AUS KIWI, HIMBEEREN, MANDELN, KOKOSFLOCKEN UND CHIASAMEN. FUNKTIONIERT NICHT NUR ALS NACHTISCH, SONDERN AUCH ALS SNACK.

FÜR 2 PERSONEN

200 G VANILLEJOGHURT
1 BANANE, IN STÜCKE
  GESCHNITTEN
60 G ERDBEEREN UND/
  ODER HIMBEEREN

TOPPING
KIWI, IN STÜCKE GESCHNITTEN
HIMBEEREN
MANDELN, GEHACKT
KOKOSFLOCKEN
CHIASAMEN

1. Vanillejoghurt, Banane und Beeren im Mixer pürieren. Auf zwei Schalen verteilen.

2. Mit Kiwistücken, Himbeeren, gehackten Mandeln, Kokosflocken und Chiasamen bestreuen.

Ein Klassiker
ROCKY ROAD

KNUSPRIG, SCHOKOLADIG, LECKER: EINE LIEBLINGSKNABBEREI, DIE MAN NIE LEID WIRD. DU KANNST DAFÜR WEISSE, DUNKLE ODER MILCHSCHOKOLADE NEHMEN. AM BESTEN SCHMECKT EINE MISCHUNG AUS ALLEN DREI SORTEN!

150 G SCHOKOLADE
1 EL BUTTER

50 G GESALZENE ERDNÜSSE
50 G MANDELN
8 MARSHMALLOWS

1. Wasser in einem kleinen Topf erwärmen. Die Schokolade in Stücke brechen und zusammen mit der Butter in eine Schüssel geben, die sich auf den Topf setzen lässt. Die Schokolade über diesem Wasserbad schmelzen. Aufpassen, dass kein Wasser in die Schüssel mit der Schokolade gelangt.

2. Erdnüsse, Mandeln und Marshmallows grob hacken.

3. Die Nussmischung unter die geschmolzene Schokolade rühren; das Ganze in eine Form gießen.

4. Die Form in den Kühlschrank stellen und die Masse hart werden lassen, dann in Stücke schneiden.

Süß und saftig
LIMETTENMUFFINS
LEICHT ZU BACKEN. EINFACH ZU ESSEN.

FÜR 12-14 STÜCK

100 G BUTTER
2 EIER
170 G ZUCKER
180 G WEIZENMEHL
2 TL BACKPULVER
2 TL VANILLEZUCKER
50 ML WASSER
1 EL LIMETTENSAFT

MUFFINFORM,
  GGF. PAPIERFÖRMCHEN

FROSTING
50 G BUTTER
180 G PUDERZUCKER
100 G DOPPELRAHMFRISCHKÄSE
½ EL LIMETTENSAFT

ZUM GARNIEREN
KOKOSFLOCKEN
ABGERIEBENE LIMETTENSCHALE

1. Den Backofen auf 200 °C Ober- und Unterhitze vorheizen.

2. Die Butter in einem kleinen Topf schmelzen und etwas abkühlen lassen.

3. Eier und Zucker zu einem dicken, fluffigen Teig aufschlagen.

4. Mehl, Backpulver, Vanillezucker, Wasser und Limettensaft einrühren, bis ein glatter Teig entsteht.

5. Die abgekühlte Butter hinzugießen.

6. Den Teig in die Papierförmchen beziehungsweise die eingefetteten Mulden der Muffinform füllen.

7. Die Muffins im Ofen auf mittlerer Schiene 15 Minuten backen.

8. Inzwischen alle Zutaten für das Frosting verrühren.

9. Die Muffins abkühlen lassen, dann mit dem Frosting bestreichen.

10. Mit Kokosflocken und Limettenschale garnieren.

Power-Snack für zwischendurch
ENERGIERIEGEL MIT DATTELN UND MANDELN

DER RETTER IN DER NOT: NACH DEM TRAINING ODER ALS SNACK BEIM LERNEN. UND GESUND IST ER AUCH NOCH!

80 G HAFERFLOCKEN
35 G SESAMSAMEN
35 G LEINSAMEN
100 G MANDELN
40 G SONNENBLUMENKERNE
2 EL CHIASAMEN
1 TL ZIMT
30 G GOJIBEEREN
3 DATTELN, ENTSTEINT
1 PRISE SALZ
4 EL KOKOSÖL
3 EL HONIG

1. Alle Zutaten im Mixer zu einer groben Masse verarbeiten oder grob hacken und gut vermischen.

2. Die Masse fest in eine Kuchenform drücken und in den Kühlschrank stellen.

3. Die Masse in Stücke schneiden (Größe nach Belieben), sobald sie ausgehärtet ist.

Tipp! Für eine günstigere Variante kannst du die Gojibeeren durch Rosinen ersetzen.

Danke ...

... AN ALLE NETTEN JUNGEN MENSCHEN, DIE WIR
FOTOGRAFIEREN DURFTEN –
NILS, SAM, CECILIA, IDA, KLARA, AGNES UND LASSE.
EIN GROSSES DANKESCHÖN AN ALLE BEI ORDALAGET
FÜR DIE WIE IMMER AUSGEZEICHNETE ZUSAMMENARBEIT!

Ann-Cathrine & Lena

REZEPTVERZEICHNIS

1. Auflage
© der deutschsprachigen Ausgabe 2019 by Südwest Verlag, einem Unternehmen der
Verlagsgruppe Random House GmbH, Neumarkter Straße 28, 81673 München.

© 2018 Lena Djuphammar and Ann-Cathrine Johnsson
Original title: Studentenköket vego
First published by Ordalaget Bokförlag, Sweden

Projektleitung: Hannes Frisch
Übersetzung: Katrin Höller, Köln
Gesamtproducing: trans texas publishing services GmbH, Köln
Umschlaggestaltung für die deutschsprachige Ausgabe: OH, JA!, München

Druck und Bindung: DZS Grafik, Ljubljana
Printed in Slovenia

Verlagsgruppe Random House FSC ® N001967

ISBN 978-3-517-09791-6
www.suedwest-verlag.de